AF249680

LA RELIGION DEFENDUE:

POEME

CONTRE

L'EPITRE A *URANIE*.

A ROTTERDAM,

Chez THOMAS JOHNSON,

DCC. XXXIII.

PREFACE DE L'EDITEUR.

L'Edition du Poëme que l'on donne ici au Public a été faite sur un Exemplaire envoyé de Paris, sans nom d'Auteur, de Libraire & de lieu d'Impreſſion, daté de 1733. On peut préſumer avec vraiſemblance qu'il a été imprimé à Paris. Celui qui l'a envoyé, marque que l'Auteur, qui ne veut pas ſe faire connoitre, n'eſt pas moins diſtingué par ſes emplois que par ſon merite.

L'écrit qui y a donné lieu, eſt une Epitre en vers adreſſée à *Uranie*. Cette Epitre eſt d'une belle verſification, mais d'une extreme impieté. Quoique pleinement refutée, elle eſt trop ſcandaleuſe pour etre renduë publique. Les effets d'un poiſon, quoique corrigés par un contrepoiſon, laiſſent preſque toujours des impreſſions qui altérent la conſtitution du Corps.

* 2

Les

Les sentimens de l'Auteur de l'Epitre, non seulement attaquent la Religion Chretienne, mais encore tous les fondemens de la morale.

> - - - - *Que ma Philosophie*
> *T'aprenne à méprifer les horreurs du tombeau,*
> *Et les terreurs de l'autre vie.*

Ce sont là les instructions que cet Auteur donne à *Uranie;* Instructions très impies, mais peu contagieuses. Que si elles prévaloient contre le sentiment interieur à chaque homme, contre le consentement presque général de tous les hommes, contre les lumieres de la raison & de la foy, que de sçelerats, que cette crainte salutaire retient, deshonoreroient par leurs excés & leurs crimes la nature humaine! On ne peut envifager sans horreur les suites de pareilles instructions.

On croiroit après ces vers cités, qui sont au commencement de l'Epitre, que l'Auteur conformément à son but, travailleroit à prouver ce qu'il avance; mais il n'en est nullement question: Le défaut de raisonnement, qui se fait sentir dans toute cette piece, prouve évidemment, qu'elle n'est en toutes manieres que la production d'un esprit déréglé.

On

On y reconnoit encore une préfomption outrée & un aveuglement marqué. L'Auteur s'y donne pour un *examinateur fcrupuleux, & qui prétend penetrer d'un pas refpectueux, au plus profond du fanctuaire.* C'eft avec quelqu'efpece de raifon qu'il ne veut pas qu'on le croye,

De fa Religion blafphémateur prophane;

car il n'a nulle Religion ; & fi c'eft de la Religion Chrétienne qu'il parle, n'eft-ce point un blafpheme afreux de dire qu'*elle ofre un Dieu qu'on doit hair?* Quels emportemens, & quelles contradictions ! L'efprit de menfonge & d'aveuglement a préfidé à cet ouvrage.

L'Auteur de l'Epitre paroit d'autant plus inconcevable dans fon aveuglement, que lui même vers la fin de fon Epitre, parle de la Religion Chrétienne, avec tout l'entoufiafme d'un Poëte Chrétien, & avec ce beau feu qui ne paroit naturel qu'à ceux qui font pénétrés de la vérité du Chriftianifme.

Ciel! o Ciel! quel objet vient éfrayer ma vuë?
Je reconnois le CHRIST, puiffant & glorieux:
    Auprès de lui dans une nuë,
    Sa Croix fe prefente à mes yeux;

Sous ses piés triomphans la Mort est abatuë,
Des portes de l'Enfer, il sort victorieux.
Son regne est anoncé par la voix des Oracles,
Son trone est cimenté par le sang des Martires;
Tous les pas de ses Saints font autant de miracles,
Il leur promet des biens plus grands que leurs défirs:
Ses exemples font faints, fa morale est divine;
Il confole en fécret les cœurs qu'il illumine;
Dans les plus grands malheurs il nous offre un apuy, &c.

L'Auteur a donc fenti toute la force de la vérité; la lumiere l'a frappé de ses rayons les plus vifs; & il a néanmoins refifté. Rien dans fon ouvrage ne détruit ce beau tableau qu'il fait du Chriftianifme, & qui feul renverfe & détruit toutes les impietés qui le précedent, lefquelles ne renferment pour la plus grande partie que des objections impies, contre quelques paffages obfcurs des divines Ecritures.

La feule beauté de la poëfie, & quelques paffages brillants & révétus de l'aparence d'une certaine équité naturelle, font tout le mérite de l'*Epitre à URANIE.*

Songe

Songe que du Trés-Haut la sagesse immortelle,
A gravé de sa main dans le fonds de ton cœur
La Religion naturelle :
Crois que ta bonne-foy, ta bonté, ta douceur
Ne sont point les objets de sa haine éternelle :
Crois que devant son trone, en tous tems, en tous lieux,
Le cœur du juste est précieux :
Crois qu'un Bonze modeste, un Dervis charitable
Trouve plûtôt grace à ses yeux
Qu'un Janseniste impitoyable,
Ou qu'un Prélat ambitieux.

Ce Dieu n'a pas besoin de nos vœux assidus,
Si l'on peut l'offenser, c'est par des injustices :
Il nous juge sur nos vertus,
Et non pas par nos sacrifices.

C'est ainsi que l'Auteur, mauvais Logicien, par certaines restrictions dont un peu de reflexion découvre le défaut, confond les principes mêmes de la Religion avec ceux de l'irréligion : C'est là, à mon avis, l'endroit le plus dangereux de son Epitre, & le seul qui n'etant point rempli de blasphemes,

pût

pût étre raporté & cité au jugement du Public.

Le Poëme de la Religion défenduë contre l'Epitre à Uranie, renverse très-folidement toutes les prophanations de l'épitre. La beauté de la verfification correfpond à la dignité du fujet; elle eft remplie de force & de feu : elle eft d'autant plus admirable, que les matieres de difcuffion, en font dificilement fufceptibles ; au lieu qu'un efprit qui permet tout à fon imagination licentieufe, travaille avec plus de facilité. Ce Poëme, outre la réfutation de l'Epitre, renferme les principes les plus clairs & les plus intelligibles de la Religion Chrétienne : Principes à la portée de tout le monde, & d'autant plus néceffaires que le progrès de l'irreligion, & l'empire des vices & des paffions s'acroit ; que l'irreligion eft en quelque façon la Religion de mode & du bel air ; au moins fes Sectateurs, faux Philofophes & Libertins impies, s'en piquent.

Le Poëte établit d'abord un principe inconteftable ; que l'efprit de l'homme eft borné, que nos connoiffances fe bornent à des faits dont nous tirons des conféquences ; ce

qu'il

qu'il prouve par un exemple qui fournit de lui-même de nouvelles preuves de notre foi-blesse.

Si j'ose m'observer, & que suis je moi-même ?
Prodige merveilleux, autant qu'il est commun !
 Deux étres distingués qui n'en font qu'un ;
  Vivant & sublime probleme !

De l'ame avec le corps je connois l'union,
Je sens l'alternative étrange & réguliere
 De leur mutuelle action :
  Mais j'en ignore la maniere.

Certain qu'elle (l'ame) connoît, se ressouvient & veut,
Je ne puis déchifrer, dans tout ce qu'elle opére
 Par quel Principe elle se meut.

 Un groupe d'ombre & de lumiere,
 Est le seul terme de nos soins.

Par tout où je rencontre un côté lumineux,
 Je dois admettre une substance,

* *

Et regarder l' obscurité
Que je trouve sans cesse auprés de la Clarté,
Comme un tribut que Dieu reserve à sa puissance.
Monument immortel de notre dépendance,
Qui de nos vains défirs restraint l'avidité,
Sans rien oter à l'évidence
Des Etres qu'il veut bien pour notre utilité
Livrer à notre intelligence!

Ce font là des Principes certains, expofés avec force, & dont l'évidence eft irrefiftible. J'ai peut-étre raporté icy trop au long, ce qui fe trouve dans l'ouvrage même : mais comment fans cela donner une idée de l'ouvrage ? C'en eft le principe fondamental à quoi tout doit étre raporté; on ne peut trop l'inculquer & le repeter : l'amour propre & la vanité le dérobent continuellement à nos reflexions. Enfin j'en étois pénétré, & je n'aurai à effuyer que les reproches de ceux qui n'en fentiront point toute la force & toute l'importance; & ce font des reproches auxquels je fuis peu fenfible.

Ce Principe de notre foibleffe pofé, l'Auteur juftifie premiérement la Loy de Moyfe,

&

& les livres sacrés de ce Legislateur Prophete.
A cette occasion le poëte fait le portrait du
peuple Juif d'alors.

Un peuple dispersé devant moy se présente,
Vil rebut des mortels   -   -   -
Toujours plein d'espérance & toujours malheureux.

Tous ces traits sont vifs, animés, & por-
tent coup. C'est avec une force & une pré-
cision semblable qu'il tire l'histoire de l'homme des saintes Ecritures.

J'y vais l'homme au premier moment
Créé dans l'innocence & formé pour la gloire,
Mais criminel ensuite, & dans l'abaissement.
Sans le secours de cette histoire,
Puis-je de mon état percer la profondeur?
Puis-je concilier, à moy-même contraire,
Le sentiment de ma grandeur
Avec celui de ma misere?

Moyse éloigné seulement de cinq généra-
tions de Mathusalem contemporain d'Adam,
a puisé les faits qu'il raporte

Dans les sources héréditaires
De la tradition du premier de nos Peres.

                                    Cette

Cette remarque judicieuse & favante prouve par ce fait, fur lequel il etoit moralement
impoffible à Moyfe d'en impofer aux Juifs
de fon tems, la verité de ces faits merveilleux dont font remplis les premiers livres de
fon hiftoire du monde.

L'Auteur fait une defcription courte mais
énergique des playes dont l'Egipte fut afli-
gée, & des autres miracles que Dieu a operés
en faveur des Juifs avant & aprés leur arrivée
dans la terre promife. Tous ces faits ont
été ecrits auffi-tôt qu'arrivés : des monumens
élevés en public en ont porté le fouvenir chez
la pofterité. La fuite de l'hiftoire ecrite d'age
en age en garantit la vérité. Plufieurs autres
raifons, habilement mifes en œuvre par le
Poëte, prouvent l'impoffibilité de l'impofture.
Les Miracles établiffent la vérité de la Réligion des Hebreux ; les Propheties veri-
fiées par l'évenement, prouvent l'infpira-
tion des Auteurs Sacrés. C'eft fur ces raifons, qui me paroiffent fans replique,
qu'eft fondée la juftification de la Loy de
Moyfe.

La preuve de la Réligion Hebraique fert
à celle de la Réligion Chrétienne : La parfaite

faite conformité des prédictions renfermées dans l'Ancien Testament sur la venuë & la vie du Messie avec la venuë & la vie de Jesus de Nazareth prouvent la Divinité de ce nouveau Legislateur. Toute l'histoire de sa vie, sa naissance, la haine des Pharisiens & des grands, la Nature obeissante à ses ordres, les actions extraordinaires dont la réalité n'a été ni niée ni refutée par ses ennemis, & dont le souvenir au contraire a été conservé dans leurs écrits, la foiblesse de ses disciples, sa mort, les événemens arrivés à cette mort, sa résurection prouvée plus qu'aucun autre fait historique ; la force nouvelle dont ses Apotres, ces hommes foibles & timides sont remplis aprés sa mort, la propagation de l'Evangile, le sang des Martirs, la destruction de Jerusalem prédite, tout prouve la Divinité de Jesus Christ & des écritures qui renferment sa loy.

Quelle varieté ! l'imposture jamais

Pouvoit-elle à son choix s'arroger tant de traits ?

— — — — — —

Seroient-ils (les Apotres) devenus coupables
Afin que la vertu fut l'objet de nos vœux ?

> *Des Impofteurs font-ils capables*
> *De braver des tourmens afreux,*
> *Pour nous rendre doux, fociables,*
> *Juftes, modeftes, purs fages & vertueux?*
> *Des fcelerats ont-ils de fi hautes maximes?*
> *Et font-ils adorer Dieu qui vange les crimes?*

. . . . . .

> *Sans difcuter icy le projet de Tibere,*
> *On fait qu'Alexandre Severe*
> *Honorant Jefus Chrift, penfa comme Adrien.*
> *Frappé de fa doêtrine, épris de fes exemples,*
> *Il voulut lui batir des temples:*
> *Mais il ne falloit pas que prophane & chrétien,*
> *L'univers confondit le Dieu qui s'eft fait homme*
> *Avec l'Impureté des Idoles de Rome.*
> *Ainfi le Paganifme à la Religion*
> *Prête une lumiere fidelle;*
> *Et malgré leur prévention*
> *Ses plus grands ennemis ont dépofé pour elle.*

L'Auteur aprés avoir prouvé l'exiftence & la
Divinité de Jefus Chrift, & la vérité des
Ecri-

Ecritures, fait un portrait lumineux de la Religion Chrétienne. Il fait enfuite l'aplication du Principe etabli dès le commencement de fon Poëme, à tous ces faits connus qu'il a raportés,

> *Ainfi pour la Religion*
> *Des faits les plus conftans, l'inaltérable chaine*
> *Forme une démonftration, &c.*

L'efprit de l'homme etant borné, l'evidence de certains faits doit le porter à en croire d'autres qui lui font inintelligibles. Quoique la Religion propofe des mifteres qu'on ne fauroit pénétrer,

> *Dès que je fuis certain que Dieu même a parlé,*
> *Je dois une pleine créance*
> *A tout ce qu'il a revélé.*

- - - - -

> *De la religion nous jugeons, Uranie,*
> *Par les traits lumineux jufqu'a nous parvenus,*
> *Et non par les côtés qui nous font inconnus.*

Et c'eft ce dont l'Auteur du poëme taxe l'Auteur de l'Epitre. Il entre dans le détail de fes impiétés, pour les refuter. Il raporte fuccinctecinctement toute l'hiftoire de l'Economie Célefte, & toutes les bontés de Dieu pour les hommes.   Il n'eloigne aucune nation de l'aproche du Trône de Dieu : tous les hommes y font apellés ; tous font pourvus par ce Dieu bienfaifant, mais à degrés inégaux, des graces néceffaires pour arriver à ce but, qui par fa nature fupérieure eft hors de l'atteinte de la nature humaine. C'eft par ces traits qu'il peint, en contrafte avec l'Auteur de l'Epitre, le caractere de la Divinité, & qu'il met fin à fon poëme. Je finis cette préface & cet extrait par ces beaux vers, où le Poëte en nous remettant devant les yeux la dignité primitive de notre nature, & la chute qui nous en a dégradés, excite l'homme à l'aveu de fa foibleffe, à la reconnoiffance envers Dieu, & à la pratique des vertus.

L'homme eft un Roy depoffédé
Qui de fon premier rang fe reffouvient fans ceffe,
Et de qui le cœur combattu
Entre le vice & la vertu,
L'avertit qu'en lui dure encore,
Au milieu de l'abaiffement,
De fa grandeur paffée un fecret monument.

LA

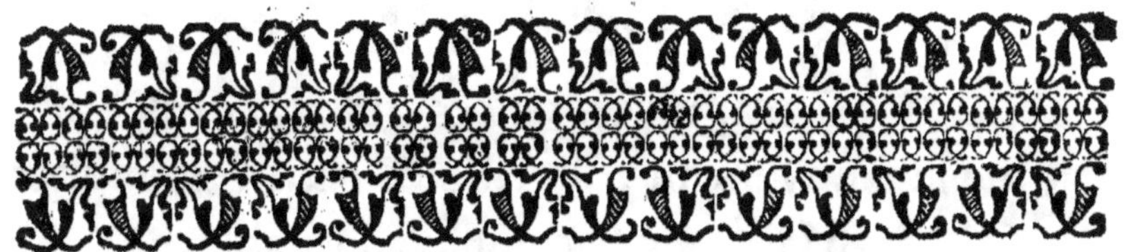

LA RELIGION DEFENDUE:

POEME.

UN Lucréce nouveau prétend que ton génie
De la Religion fonde la verité.
     J'y confens, fçavante Uranie:
La Foi, de la Raifon ne craint point la clarté.
Mais ne préfumons pas de notre Intelligence
Que tout à fes efforts foit pleinement ouvert.
Nous jugeons des faits feuls & de leur évidence;
Et le refte eft pour nous de tenebres couvert.

Ces globes enflâmés qui roulent fur nos têtes,
Et ceux qui des premiers empruntent leur fplendeur,
     Mon efprit veut avec ardeur
     Les mettre au rang de fes conquêtes:

A

Il n'aperçoit de ces grands corps
Que le mouvement, l'ordre & les divers rapports.
Mais leur harmonie admirable,
Le reſſort qui les meut, & leur germe fécond
Sont un abyme impénétrable
Qui me ſurpaſſe & me confond.
Si j'oſe m'obſerver, eh! que ſuis-je moi-même?
Prodige merveilleux autant qu'il eſt commun!
Deux Etres diſtingués qui n'en compoſent qu'un,
Vivant & ſublime problême:
Deux Etres ennemis qui font ſocieté,
Deux Etres aſſortis qui ſouvent ſont en guerre;
Un atôme enchaîné dans un coin de la terre,
Comme un point dans l'immenſité;
Un Eſprit qui briſant le joug de la matiere,
Par ſa grande velocité
S'unit dans un moment à la Nature entiere,
Se plonge dans l'Infinité,
Et par les plus ſûrs témoignages
Trouve enfin la Divinité,
Peinte & cachée en ſes ouvrages.
De l'ame avec le corps je connois l'union,
Je ſens l'alternative étrange & reguliere
De leur mutuelle action:
Mais j'en ignore la maniere.

Dans

Dans la structure de mon corps
J'aperçois bien que les fluides
Balancés avec les solides
Y forment de parfaits accords;
J'y découvre l'effet des vaisseaux hydrauliques;
Et ne pénétre pas les causes méchaniques
Qui font joüer tant de ressorts.
Dans mon ame pareil mystere:
Certain qu'elle connoît, se ressouvient & veut,
Je ne puis déchiffrer, dans tout ce qu'elle opere
Par quel principe elle se meut.

C'est ainsi que nos connoissances
Se bornent toutes à des faits
Dont nous tirons des conséquences,
Mais dont pour nous la source est sous un voile épais.
Un groupe d'ombre & de lumiere
Est le seul terme de nos soins,
Et l'Eternel ne nous éclaire
Qu'autant qu'il faut pour nos besoins.
Instruits comme nous devons l'être,
Reprimons notre orgueil, & bien-tôt nous verrons
Que tout ce que nous ignorons
Nous est inutile à connoître.

Par

Par tout où je rencontre un côté lumineux
          Je dois admettre une fubſtance,
Et ſans porter plus loin de témeraires vœux,
          M'humilier dans l'ignorance
          Des côtés qui ſont ténébreux.
Le Dieu qui m'a formé, ce Dieu prudent & ſage
          De qui j'ai reçû la Raiſon,
          Ne m'eût-il fait un ſi beau don
          Que pour m'égarer davantage ?
Non, mais je dois en faire un légitime uſage ;
Croire que le Tres-Haut ne permettra jamais
Que de la Verité les immuables traits
          Du Menſonge ſoient le partage ;
          Et regarder l'obſcurité
Que je trouve ſans ceſſe auprès de la clarté,
Comme un tribut que Dieu reſerve à ſa puiſſance,
Monument immortel de notre dépendance,
Qui de nos vains déſirs reſtraint l'avidité,
          Sans rien ôter à l'évidence
Des Etres qu'il veut bien pour notre utilité
          Livrer à notre Intelligence.

          Voilà des principes ſacrés
          Et d'une éternelle origine,
          Que l'Eſprit-fort qui t'endoctrine,
Ou te cache, Uranie, ou n'a point pénétrès.
                              C'eſt

C'eſt eux que ta raiſon doit recevoir pour guides
Dans l'examen qu'elle entreprend.
Devant eux paſſeront, de même qu'un torrent,
Ces vers bien cadencés, mais de ſens toujours vuides,
Qui du Dieu des Chrétiens font un monſtre odieux.
De ton Lucréce alors les routes détournées
Par toi ſeront abandonnées,
Et le ſentier du Chriſt plaira ſeul à tes yeux.

Le culte tranſmis par Moyſe
N'eſt, ainſi que le nôtre, au gré de ton Docteur,
Qu'un tiſſu ridicule, un ouvrage impoſteur
Qu'une ancienne erreur authoriſe;
En qui la contradiction
Manifeſte la fiction,
Et que par intérêt fait valoir, éterniſe,
L'ambitieuſe faction
Des Prêtres exercés à la ſéduction.
Eh! Quoi? l'opinion bizarre
D'un cerveau brûlé qui s'égare
Pourroit-elle obſcurcir pour nous de tous les temps
Les témoignages éclatans?
Un Peuple diſperſé devant moi ſe préſente,
Vil rebut des Mortels, mais épargné par eux,
Toujours plein d'eſpérance & toujours malheureux;
Ignorant que le Ciel a rempli ſon attente,

A 3   Fi-

Fidéle obfervateur d'un culte inufité,
Etranger que par tout fur la terre on détefte;
Il garde un Livre antique & par lui refpecté,
Des biens qu'il poffedoit feul & précieux refte.

Ce Livre attire mes regards:
Je l'ouvre ... O ciel! déja la nouveauté des arts
M'apprenoit que le monde étoit dans fon enfance;
Et là de l'Univers je trouve la naiffance.

J'y vois l'homme, au premier moment,
Créé dans l'Innocence & formé pour la Gloire,
Mais criminel enfuite & dans l'abaiffement.

Sans le fecours de cette hiftoire,
Puis-je de mon état percer la profondeur?
Puis-je concilier, à moi-même contraire,
Le fentiment de ma grandeur
Avec celui de ma mifére?
Si j'examine quelle main
Du monde a raffemblé les premieres annales,
Je trouve un fublime Ecrivain,
Qui fans peine a des temps franchi les intervales,
Pour apprendre des faits puifés
Dans les fources héréditaires
De la tradition du premier de nos Peres,
Par cinq hommes * interpofes;

Un

* *Amram Pere de Moïfe, Levi fon Bifayeul, Ifaac, Sem,
& Methufalem qui a vû Adam.*

Un Prophéte à qui Dieu s'eſt révélé lui-même,
Le Miniſtre inſpiré des prodiges nombreux
    Que déploya l'Etre ſuprême,
Pour captiver le cœur & la foi des Hébreux.

    Pourquoi l'Egypte conſternée
    Eſt-elle au deuil abandonnée ?
    D'où naiſſent les cris que j'entends ?
Quoi ! Le ſang au lieu d'eau coule dans ſes fontaines ?
La pouſſiere s'anime & ravage ſes plaines !
Un ulcére mortel couvre ſes habitans !
    Des ténébres épouventables
    Lui voilent la clarté du jour,
Et d'un ſi beau climat font l'horrible ſéjour
    Des Spectres les plus effroyables !
L'Ange exterminateur frape les premiers-nés,
Et l'Hébreu ſatisfait voit les ſiens épargnés !
    Peuple ſçavant, ſéche tes larmes :
    L'art magique t'offre des armes,
Il vole à ton ſecours… mais bien-tôt confondu,
Il reconnoît que Dieu ſoutient l'Iſraëlite,
Et contre Mitſraïm * à le bras étendu.
Ainſi le Peuple élû triomphe dans ſa fuite.

A 4

Il

* C'eſt l'Egypte dans le langage de l'Ecriture-Sainte.

Il paroît, la Mer s'ouvre & forme un double mur :
        Il y trouve un paſſage sûr,
Et voit ſes ennemis ardens à ſa pourſuite,
Qui ſans être effrayés d'un chemin ſi nouveau,
Sous les flots réunis ont trouvé leur tombeau.
Le ſable du Deſert pour lui devient fertile
En moiſſons que le Ciel a daigné préparer,
        Et l'aride rocher diſtile
        Des eaux pour le déſalterer.
Quels tourbillons de feux, quels éclats de tonnerre
Annoncent que le Ciel veut parler à la terre !
Dieu ſur le Mont-Sina fait entendre ſa voix :
Son Peuple épouvanté qui l'écoute & l'adore,
        Promet d'obéïr à ſes loix.
Auſſi le fer moiſſonne, ou la flâme dévore
Les rebelles Hébreux qui prophanent ſes droits.
Mais en vain je m'arrête à peindre les prodiges
Où s'eſt manifeſté le doigt de l'Eternel ;
        Dans tout le culte d'Iſraël
N'en eſt-il pas reſté de ſenſibles veſtiges ?
        Ecrits auſſi-tôt qu'arrivés,
Les a-t-on regardés alors comme des fâbles ?
Combien de monumens en public élevés
        Ont-ils de ces faits mémorables
Porté le ſouvenir chez la poſtérité,

Seurs

Seurs garans de leur verité?
La suite de l'hiftoire écrite d'âge en âge
En rapelle les premiers traits,
Et la Loi qui de même en retrace l'image,
Familiere aux Hébreux, la confirme à jamais.
Dans ces jours folemnels où l'Ecriture eft luë
Le Peuple, inftruit des faits, n'ofe rien cenfurer:
Traduite tant de fois & par tout répanduë,
Comment dans fon effence eût-on pû l'altérer?
En vain le Schifme & la Difcorde
Ont partagé la Nation:
Le texte de Moïfe à Sébafte * s'accorde
Avec le même Ecrit que revere Sion.
Par quel aveuglement jufque dans l'efclavage
Les Juifs confervent-ils avec fidélité,
Comme un précieux héritage,
Des faftes tant de fois échapés du naufrage;
Un Livre humiliant dont la fincerité
Les rend plus odieux encore,
Et pour toujours les deshonore?
Quels excès y font peints! Dans leurs premiers ayeux
Si la vertu n'eft pas exempte de foibleffe,
La conduite des fils, plus énorme à mes yeux,
N'a prefque rien qui ne me bleffe.

A 5

Je

* *Samarie.*

Je lis, en frémissant, leur incrédulité,
          Leurs murmures, leur défiance,
Pour un Dieu bienfaifant l'ingrate indifference
          Qui les porte à l'impiété ;
          Leurs fureurs fuperftitieufes,
          Leurs idolâtres changemens,
De leurs plus fages Rois les erreurs vicieufes,
          Leurs crimes & leurs châtimens.
Si Moïfe Impofteur confacre des chimeres,
          Par quel étrange vanité
S'accufe-t-il d'un meurtre, & d'avoir refifté,
Lorfque Dieu l'envoyoit au fecours de fes freres ?
          Pourquoi tout un Peuple orgueilleux
          Préfere-t-il même à la vie
          Un tiffu de faits merveilleux
          Qui le couvrent d'ignominie ?
          C'eft que les faits font arrivés ;
C'eft que ce Livre faint renferme des promeffes,
Dont les effets, fouvent par les Juifs éprouvés,
Semblent leur garantir les nouvelles richeffes,
Qu'ils attendent du Ciel touché de leurs travaux,
Pour faire fucceder l'allegreffe à leurs maux.
Quelle autre Nation nous produit un ouvrage
          Qui fçache à la fois réünir
          Du paffé la parfaite image

                                        Et

Et le tableau de l'avenir ?
Le Juif, avant le temps, y trouve son histoire,
Ses diverses captivités,
Le rétablissement de sa premiere gloire,
Enfin le comble affreux de ses calamités.
Il y voit l'Empire du Monde
Envahi par des Conquérans,
Leur éclat fugitif comme le vent & l'onde,
Et leurs peuples en proye à de nouveaux Tyrans.
Qui peut désarmer la vengeance
Du rapide vainqueur qu'il avoit offensé ?
Par les Oracles saints Alexandre annoncé
N'écoute plus que sa clémence.
Celui qui par les temps ne peut-être embrassé,
Mais qui les comprend tous dans sa divine essence,
N'est-il donc pas le seul qui puisse avoir tracé
Ce qui n'existe encore que dans sa connoissance ?
Quoi ! l'histoire prophane aura ma confiance
Pour les évenemens qu'elle vient m'attester ?
Et mon caprice injuste osera rejetter
Des Ecrits inspirés qui les marquent d'avance ?

Là me frapent de nouveaux traits :
Du Ciel avec la Terre une sainte alliance
Doit rétablir par tout la paix,
Et de l'Enfer armé détruire la puissance.

Un

Un Liberateur eſt promis ;
Tout doit marcher à ſa lumiére :
C'eſt à lui ſeul qu'il eſt permis
De fléchir Dieu dans ſa colere.
Sa force eſt invincible, & lui-même il eſt Dieu,
Les oracles ſacrés le font ainſi connoître :
J'y vois même le temps, le lieu,
La Tribu, la Famille où le Chriſt devoit naître ;
Son miniſtere, ſes vertus,
Le fondement inébranlable
De ſon regne à jamais durable ;
Tous les Thrônes du monde à ſes pieds abattus ;
La Nature par lui contrainte
A changer de cours à ſa voix ;
Cette jalouſe rage au cœur des Grands emprainte
Qui l'accable enfin de ſon poids ;
La fuite & la ſervile crainte
Des Diſciples dont il fit choix ;
De l'un d'entre eux la perfidie,
Et le prix de ce crime affreux ;
Les complots du menſonge armé contre ſa vie ;
Les outrages ſanglans & les barbares jeux
Sur ſon Maître exercés par une race impie ;
L'horreur du jugement qui le livre à la mort ;
Ses vêtemens jettés au ſort.

Eh !

Eh! Quoi? Tout eſt prédit! Un ſuplice terrible
      Avec des brigands le confond;
Son corps dans le tombeau repoſe incorruptible,
      Et ſoudain l'abyme profond
Fléchit devant le Chriſt & cede la victoire;
Triomphant de la mort & vainqueur des Enfers,
      Il trouve enfin les Cieux ouverts
      Et reprend l'éclat de ſa gloire.
Quelle varieté! L'impoſture jamais
Pouvoit-elle à ſon choix s'arroger tant de traits?
Qui les raſſemble tous eſt donc le vrai Meſſie.
Sans lui, ce grand dépôt que les Juifs ont reçû,
      L'Ecriture & la Prophétie,
De contrarietés paroîtroit un tiſſu:
Mais elle eſt avec lui pleinement éclaircie.
Aux couleurs dont le Chriſt eſt peint dans Iſaïe
      N'eſt-il pas d'abord aperçû
      Du Miniſtre d'Ethiopie?
      Combien de ſublimes Eſprits
On ſçû le reconnoître aux mêmes caracteres!
Au ſein du Paganiſme engagés & nourris,
N'avoient-ils pas beſoin des preuves les plus claires?
      Dieu fait concourir quelquefois
Des moyens naturels aux œuvres de la Grâce.
Si les Juifs, du Meſſie, ont rejetté la voix,

Leur

Leur incrédulité n'a rien qui m'embaraſſe :
Je la trouve prédite, & leur illuſion
N'eſt que l'ouvrage impur de leur ambition.
Dans le Libérateur ils déſirent la pompe
  Et l'éclat des biens temporels.
Dans les Oracles ſaints leur préjugé les trompe,
Ils n'y découvrent pas les biens ſpirituels ;
Et leur attachement aux intérêts ſenſibles
  Eſt ſi vif & ſi déreglé,
Que les textes précis où tout eſt dévoilé
  Sont pour eux inintelligibles.

        que je voy ?
Ciel ! où ſuis-je ? Eſt-ce un homme ? Eſt-ce un Dieu
  Il commande aux vents, à l'orage,
Et les flots irrités reconnoiſſent ſa Loy.
De la naiſſance informe il repare l'outrage ;
Il ranime les Morts ; il voit le fond des cœurs ;
  Tout ce qu'il opére eſt utile ;
Le malheureux chez lui trouve un accès facile
  Et le terme de ſes malheurs.
  C'eſt encor lui dont la préſence
Met les Démons en fuite & confond leur prudence,
Qui fait taire à la fois leurs Oracles divers,
  Et qui ſe ſert de leur ſilence
  Pour étonner tout l'Univers.

        Serà-

Sera-t-il obéï des Peuples de la Terre
      Qu'il apelle de toutes parts?
Il réprouve les Juifs, & prédit que la guerre
Va détruire à jamais leur Temple & leurs remparts.
Il promet aux Elus qui fondent son Empire
      Des succès grands, mais périlleux,
Qui seront soutenus par des dons merveilleux
      Et couronnés par le Martyre.
Eh! Quoy? Tout s'accomplit. A peine il est aux
  Cieux,
Qu'il répand sur les siens tous ces dons précieux:
      Une troupe foible, timide,
      Vil rebut d'un peuple grossier,
      Tout à coup devient intrepide
Jusqu'à braver la flame & l'homicide acier.
Ils font évanoüir la science des Sages,
Pénétrent dans les cœurs, distinguent les Esprits,
Et le sombre avenir est pour eux sans nuages.
Ils se font écouter du monde entier, surpris
D'entendre en même temps parler tous ses langages;
Ils tiennent sous le joug l'Enfer déconcerté;
Ils annoncent par tout le Christ ressuscité,
     Qu'un si grand nombre de leurs freres
A vû souvent, comme eux, sans ambiguité,
Et qui les a choisis pour témoins oculaires,

En

En retournant au fein de la Divinité.
     Ils atteſtent la verité
Des miracles publics, évidens & palpables,
Dont leurs Contemporains ont retiré le fruit.
Pour les perſuader, ils en font de ſemblables,
      Et leur ombre même en produit.
      A quel point s'étend leur puiſſance !
      Leur main liberale diſpenſe
Les Vertus que le Ciel fit deſcendre ſur eux.
Au milieu des Chrétiens ces riches dons brillérent
Autant qu'il fut beſoin d'effets miraculeux,
      Pour aider les Saints qui poférent,
De la Religion, les fondemens heureux.
Vous qui rendez au Chriſt de ſi grands témoignages,
Ny manquera-t-il point le ſçeau de votre ſang ?
Mais non... Qu'ils ſoient livrés aux animaux ſau-
    vages ;
Que le Tigre, ou le fer leur déchire le flanc ;
Qu'un mortier les écraſe, un bucher les conſume ;
      Que tout leur corps ſoit en lambeaux ;
      Couverts de cire & de bithume,
Qu'en l'abſence du jour ils ſervent de flambeaux :
Le Chriſt plus vivement à leur foi ſe retrace ;
Leurs tourmens ſont pour lui des triomphes nou-
    veaux,

                          Et

Et leurs derniers foupirs, des vœux pour leurs bour-
    Qui prennent auffi-tôt leur place. (reaux,

Le Camp de l'Eternel s'éloigne de Sion,
Et fuit par tout les pas & la voix des Apôtres.
Pour un Peuple endurci dans fa rebellion,
    Il affujettit tous les autres.
De l'Aurore au Couchant, du Pôle à l'Equateur
    On offre une oblation pure;
Tout change: l'Idolâtre enfin de la Nature
    Adore le fuprême Auteur;
Et déja de fa foi l'effor eft fi rapide
    Qu'il vole au plus cruel trépas.
    Mais le feu divin qui le guide
L'affocie à des biens qui ne finiront pas.
Sainte Religion, tout fe rend à vos charmes.
Eft-il contre l'Impie un plus fort argument,
Que l'Univers à Dieu foumis fi promptement
Par la parole feule & fans l'effort des armes ?
O miracle éternel & fi bien cimenté
Que nous croyons encore au Chrift reffufcité !

    Quel autre objet frappe ma vûë?
J'aperçois les Vainqueurs par le Ciel revelés:
    L'Aigle Romaine fend la nuë;
        B   Elle

Elle fond fur les Juifs dans leur Ville affemblés.
L'aveugle Synagogue eft prife dans le piége :
        Mais l'Eglife eft en feureté.
Une guerre inteftine accroift l'horreur du fiége.
Elle n'eft plus enfin, cette fiére Cité.
Ses murs font démolis, fon Temple eft mis en cendre,
Et les foins du Vainqueur ne peuvent le fauver.
        Qu'un Empereur ofe entreprendre
D'en rétablir la gloire & de le relever :
        De feux un déluge invincible
Dévore le foldat au travail obftiné ;
        Le lieu devient inacceffible,
        Et l'ouvrage eft abandonné.
        Titus affermit fa conquête
En difperfant les Juifs qu'a menagés fon bras.
        Un joug de fer eft fur leur tête :
        Mais il ne les écrafe pas.
Ils doivent fubfifter pour preuve inconteftable
        Du Chrift qui leur étoit promis,
Et traîner une vie errante & miferable
        Pour le forfait qu'ils ont commis.

        Que nous objecte l'Incrédule ?
Au vrai qui le pourfuit penfe-t-il échaper
        Par les fubtilités d'un doute ridicule ?

                                        Les

Les Apôtres, dit-il, faciles à tromper,
    Ont admis des faits impoſſibles.
    Non. Je vois qu'ils n'ont dépoſé
    Que des faits publics & ſenſibles
    Où l'on ne peut être abuſé.
S'ils n'ont pû ſe tromper, ils ont voulu ſéduire.
Eh! Qui le penſera? Quels intérêts humains
A de ſi noirs complots auroient pû les conduire,
Eux qui ſe nourriſſoient du travail de leurs mains?
    Seroient-ils devenus coupables
Afin que la Vertu fût l'objet de nos vœux?
    Des Impoſteurs ſont-ils capables
    De braver des tourmens affreux,
    Pour nous rendre doux, ſociables,
Juſtes, modeſtes, purs, ſages & vertueux?
Des ſcélerats ont-ils de ſi hautes maximes?
Et font-ils adorer Dieu qui venge les crimes?
S'il fut un Jeſus-Chriſt … Mais qui peut en douter?
L'hiſtoire des Gentils admet ſon exiſtence.
Tout prouve également qu'il a fait éclater
    Ces merveilles de ſa puiſſance
Que par écrit les ſiens prirent ſoin d'atteſter.
    Pourquoi, Synagogue ennemie,
    Lorſqu'à toy-même on les publie,
    N'oſes-tu pas les refuter?

B 2

Tes

Tes yeux en avoient vû produire une partie.
Du Juif & du Payen jamais la rage impie
         N'entreprit de les contester ;
Et pour les avilir, ne fit qu'en rapporter
         La cause à l'art de la Magie.
Mais l'Enfer livre-t-il contre soi des combats ?
Et pour le Dieu vivant forme-t-il des soldats ?
Sans discuter ici le projet de Tibere,
         On sçait qu'Alexandre Severe,
Honnorant Jesus-Christ, pensa comme Adrien.
Frappé de sa doctrine, épris de ses exemples,
         Il voulût lui bâtir des Temples.
Mais il ne falloit pas que prophane & Chrétien
L'Univers confondît le Dieu qui s'est fait homme
Avec l'impureté des Idoles de Rome.

Ainsi le Paganisme à la Religion
         Prette une lumiére fidelle,
         Et malgré leur prévention
Ses plus grands Ennemis ont déposé pour elle.

         Que vois-je ? Avec dérision
S'éleve contre moi le Déiste indocile,
Qui prétend foudroyer ma démonstration.
Un mot lui suffira. De suposition

Il va d'abord, sans preuve, accufer l'Evangile.
Arêtez, grand Docteur … Eh ! Quoi ? Vous ignorez
Que long-temps des écrits de la main des Apôtres
Servirent aux Chrétiens de guides afsûrés ?
                A des titres fi reverés
Eût-il été permis d'en fubftituer d'autres ?
Et ne les eût-on pas enfemble comparés ?
Lorfque d'un Livre faint je connois l'origine,
                Tout le refte eft certain pour moy :
                Mêmes faits & même doctrine,
                Y font propofés à ma foy ;
Et leur parfait accord malgré la différence
                Du ftyle, du temps & des lieux,
                M'y fait connoître l'influence
De l'Efprit qui féconde & la Terre & les Cieux.
Fille des Paffions que Dieu permet dans l'homme,
                Toy dont l'audace & les complots
Ont toujours de l'Eglife attaqué le repos,
                Faut-il icy que je te nomme,
Deteftable Herefie ? Ouy, tu nous ferviras
                A triompher du Pyrrhonifme.
                L'Aurore du Chriftianifme
T'a vû naître, & fans ceffe obferver tous fes pas.
                Parle, quel intérêt t'oblige,
                D'aprouver nos Textes facrés ?

C'eft de la Verité la force qui l'éxige ;
Tu les tiens, comme nous, des Autheurs infpirés.
Auffi dans les écrits faits par les Heretiques
    Je les trouve par tout cités
      Comme dans ceux des Catholiques.
Je les vois, comme vrais, d'âge en âge adoptés
      Par nos plus cruels Adverfaires,
      Qui les ont mal interprettés.
Nous avons tous les tems avec tous les fectaires
Pour témoins non fufpects de leur fidélité ;
Et l'Hiftoire prophane a moins de caracteres
      Pour fonder fon authorité.

Par tout ma Raifon cede à l'éclat admirable
      Que répand la Religion.
L'Homme ne faifoit plus qu'un abus déplorable
      De la fecrette notion
      Qui lui peint fon ame immortelle.
Le Juif même, afpirant à la poffeffion
D'une félicité paffagere & charnelle,
Permettoit rarement à fon ambition
      D'en efpérer une éternelle.
La Religion feule enfeigne clairement
      Qu'à l'ame il faut un bien fuprême
      Qui la rempliffe conftamment,
      Et que ce bien fera Dieu même.

Tout

Tout par elle eſt remis dans l'ordre naturel ;
　　　La chair eſt à l'Eſprit ſoumiſe,
　　　Et l'Eſprit l'eſt à l'Eternel.
De l'amour le plus pur embrazant ſon Egliſe
Elle ſerre les nœuds de la ſociété,
　　　Et rend l'homme à l'humanité.
Elle détruit l'orgueil & proſcrit la vengeance ;
Des Maîtres de la Terre elle affermit les droits ;
Mais auſſi des Sujets fixant l'obéiſſance,
　　　Elle parle en maîtreſſe aux Rois,
Et veut que l'Equité dirige leur puiſſance.
Dans les afflictions, ſon aide nous munit
　　　Des armes de la patience,
Et nous fait du Très-Haut benir la Providence
　　　Qui nous éprouve ou nous punit.
Invincible, mais ſimple & de la paix ſuivie,
De nos ſens revoltés elle briſe l'effort ;
Et nous inſpire enfin le mépris de la mort
　　　Par l'attente d'une autre vie.
Sa durée eſt égale au cours de tous les tems.
　　　Sa lumiére dans Eden née
Frape Seth & Noé par des traits éclatans
Qui conduiſent de Sem la race fortunée.
　　　Sous Moïſe & chez les Hébreux
　　　Je la vois briller & s'accroître.

B 4

Mais

Mais dans la force de ſes feux
Jeſus-Chriſt ſeul la fait paroître.
Sans altération, malgré leurs Opreſſeurs,
Les Apôtres l'ont maintenuë;
Et par leurs zelés Succeſſeurs
Elle eſt juſques à nous ſans tâche parvenue.
Dieu fut dans tous les tems connu pour Créateur,
Et le Chriſt pour Liberateur.
O d'un Fils éternel chére & fidelle Epouſe,
Ta flâme eſt toûjours pure, & tes droits triomphans!
Tu ſçais, de ta candeur & de ta foi jalouſe,
Arracher de ton ſein tes rebelles Enfans.
Ils périſſent loin de la tige
Dont on les a vûs retranchés;
Et par un plus rare prodige,
Au lieu de ces rameaux qui ſont bien-tôt ſechés,
D'autres en plus grand nombre au tronc ſont attachés.
L'Egliſe ne fait point de perte irréparable;
Sur la pierre fondée elle eſt inébranlable.
Son culte eſt le ſeul dont le cours
Embraſſe le premier & le dernier des jours.
Des Tirans ennemis il a dompté la rage :
Le Temps, qui détruit tout, n'a reſpecté que lui.
Dieu s'eſt donc hautement déclaré ſon apuy,
Et notre culte eſt ſon ouvrage.

Ainſi

Ainſi pour la Religion
Des faits les plus conſtans l'inaltérable chaîne
Forme une démonſtration,
La ſeule qui convienne à la raiſon humaine.
Je l'ay dit, Uranie, & j'ay ſçû le prouver,
Dans toute la Nature il n'eſt point de ſubſtance
Que notre Eſprit puiſſe obſerver
Juſques au fond de ſon eſſence.
Les principes en ſont trop hauts
Pour notre foible Intelligence.
Nous avons des faits ſeuls reçû la connoiſſance
Pour diſtinguer le vray du faux.
L'évidence morale eſt une regle ſûre
Qui nous fait de l'erreur éviter le poiſon:
Il faut en ſuivre la meſure,
Ou renoncer à la Raiſon.
N'eſt-ce pas cette regle aux humains ſi propice
Qui fixe tous leurs intérêts,
Et qui dirige les arrêts
Et le glaive de la Juſtice?
Quoy! Le bien, la vie & l'honneur
Seront, par notre aveu, ſoumis à ſon empire?
Et nous oſerons la proſcrire
Dans ce qu'il faut rendre au Seigneur?
Mais la Religion propoſe des myſtéres

Que

Que je ne fçaurois pénétrer.
Et la Religion a des preuves fi claires
Que je ne puis, fans m'égarer,
Ceder aux préjugés contraires.
Dès que je fuis certain que Dieu même a parlé,
Je dois une pleine créance
A tout ce qu'il a revelé.
N'eft-il pas jufte qu'en fcience
L'Auteur de l'Univers ne puiſſe être égalé?
De fon être à la Créature
L'immenfe éloignement n'admet point de mefure.
Comme l'Aftre du jour, dans toute fa fplendeur,
Se peint à nous dans un nuage :
De même l'Eternel nous a de fa grandeur
Tracé dans l'Ecriture une parfaite image.
La preuve qu'il en eft le Modéle & l'Auteur,
C'eft qu'ardens à connoître autant que nous le fommes,
Nous n'en pouvons jamais atteindre la hauteur.
Si nous y parvenions, nous ceſſerions d'être hommes,
Et partageant l'infinité,
Nous dépoüillerions Dieu de la Divinité.

De la Religion nous jugeons, Uranie,
Par les traits lumineux jufqu'à nous parvenus,
Et non par les côtés qui nous font inconnus,
Comme fait ton Docteur impie.

Nous

Nous puiſons dans le vray des argumens certains,
Et le menſonge dans ſa bouche
N'en ſçait aprêter que de vains.
Il infecte tout ce qu'il touche,
Et du Dieu d'Abraham il fait un Dieu farouche
Qui ſe rend le fleau des malheureux humains,
Et qui pourſuit encore, aveugle en ſa colére,
Sur les derniers Enfans l'erreur du premier Pere;
Un Dieu que les Mortels ne ſçauroient *trop haïr,*
Un Dieu qui les forma pour être miſerables,
Qui leur donna des cœurs coupables
Pour avoir droit de les punir.
Tais-toy, Blaſphémateur : tu nous peins ta chimere,
Et non pas le Dieu des Chrétiens.
Tu le crois un Tyran, & pour nous c'eſt un pere
Qui cherit tous ſes fils & les comble de biens.
De ſa bonté pour nous toujours inépuiſable,
Il ne faut que tracer un fidéle tableau,
Pour nous perſuader combien il eſt aimable.
Puiſſe la Vérité, de ſon divin flambeau,
Repandre dans mon ſein une vive étincelle !
J'ai beſoin de ſecours dans un projet ſi beau :
Sans le don du Très-Haut ce n'eſt rien que mon zéle.

Sans

Sans doute l'homme au Créateur
Devroit de la reconnoiſſance,
Quand ſujet à la Mort, il eût vû ſon Auteur
Le borner à la jouiſſance
De l'être ſenſitif & des biens temporels:
Mais Dieu par ſa munificence
Forma pour les biens éternels
Celui dont il créa l'ame à ſa reſſemblance,
Et lui diſtribua des dons ſurnaturels
Pour demeurer dans l'Innocence
Librement, avec choix, plaiſir & connoiſſance.
Un cœur droit par contrainte ou par neceſſité
N'eût fait qu'avilir ſon ouvrage :
L'homme, pour être ſon Image,
Devoit agir en liberté.
Dieu dirige à leurs fins les Etres diſſemblables
Par l'uſage divers de leurs proprietés :
Les corps aſſujettis à ſes loix immuables
Sont aveuglément emportés ;
Mais aux ſubſtances raiſonnables
Il fait par la Raiſon ſuivre ſes volontés.
Adam vivoit heureux dans un lieu de délices ;
Les plantes à l'envi, les plus fiers animaux,
Tout prévenoit ſes vœux : comme il étoit ſans vices,
Il étoit à l'abri des maux.

Sou-

Soumis à son Auteur, ainsi qu'il devoit l'être,
La Terre s'empressoit à l'honnorer en maître.
Un éternel printems eût décoré ses jours;
        Et s'il eût demeuré fidéle,
        Dieu, sans en terminer le cours,
L'eût admis dans le sein de sa gloire immortelle.
Il n'exige de lui que les justes effets
        D'une facile obéiſſance,
Et le fruit d'un seul arbre est pour tant de bienfaits
Le Tribut qu'il réserve à sa toute-puiſſance.
        Mais par son orgueil égaré,
L'homme, pour s'égaler à son Créateur même,
        Viole le pacte sacré
        Qu'il fit avec l'Etre suprême.
Quel changement subit! Adam voit le Seigneur
        Armer contre lui sa Justice.
        Ce qui servoit à son bonheur,
Par un triste revers, lui devient un suplice.
        Le Ciel pour lui n'est plus serain;
La Terre à ses besoins refuse ses largeſſes;
        Il faut de son avare sein
A force de travail arracher ses richeſſes.
        La Nature n'obéit plus
        A la créature infidelle,
        Et le premier homme est confus
De trouver sa chair même à son Esprit rebelle.

Il éprouve à la fois tout ce qu'il doit fouffrir :
　　　Son Dieu le condamne à mourir,
Et pour comble de maux le prive de fa vûë.
Toute fa race enfin dans le péché conçuë
　　　Subit le même châtiment,
Et la peine eft ainfi mefurée à l'offenfe.
Eh! Quoi? C'en eft donc fait?.. O rigoureux moment!
O malheureux humains ! .. Mais prenons confiance;
Jufque dans fon couroux le Seigneur eft clément :
Il fçait d'Adam proferit ranimer l'efpérance.
　　　En prononçant l'arrêt fatal,
Il annonce le bien qu'il doit tirer du mal.
　　　Dans l'ordre de fa Providence.
　　　Il promet un Liberateur
Qui de notre efclavage écrafera l'Auteur,
　　　Et qui reparant nos miferes,
Brifera du péché les funeftes liens.
C'eft ainfi qu'heritiers du premier de nos Peres
　　　Et n'ayant de droits que les fiens,
La Juftice exigeoit que dans notre origine,
Des biens qu'il a perdus nous fuffions dépoüillés;
　　　Et c'eft par la bonté divine
　　　Que nous y fommes rappellés.
Je n'apperçois que trop à ma propre foibleffe
　　　A quel point je fuis degradé.

L'hom-

L'homme eſt un Roy dépoſſedé
Qui de ſon premier rang ſe reſſouvient ſans ceſſe,
Et de qui le cœur combattu
Entre le Vice & la Vertu,
L'avertit qu'en lui dure encore,
Au milieu de l'abaiſſement,
De ſa grandeur paſſée un ſecret monument.
Or le mal que ſans ceſſe en moi je ſens éclore,
Ne vient pas de Dieu qui l'abhorre
Et le punit ſévérement :
Donc le vice a dans l'homme une ſource funeſte,
Et cette impreſſion de vertu qui nous reſte
Eſt un don gratuit que, pour nous relevér,
La clémence de Dieu nous daigna conſerver.
Qui peut dans ſon cœur méconnaître
Cette voix qui lui parle, & qui de l'Univers
Lui montre le ſouverain Maître ?
Qu'on parcoure les tems & les climats divers :
La Nature jamais a-t-elle fait paraître
D'Homme en qui la Vertu ne fît quelques efforts
Pour détourner ſes pas du Vice ?
D'Injuſte, ſans avoir des rayons de Juſtice,
Et de Coupable ſans remords ?
C'eſt la Providence éternelle
Qui voulant par le Chriſt ſauver tous les humains,

Leur

Leur a par le fecours de la Loy naturelle,
Du bien qu'ils doivent fuivre, aplani les chemins.
          Sa pratique exacte & conftante
          Avec l'efpoir du Redempteur,
Servit long-tems à l'Homme & lui fut fuffifante,
          Pour fe rejoindre à fon Auteur.
          Mais helas ! pour un cœur fragile
Et fans ceffe affailli par la cupidité,
          Grand Dieu, qu'il étoit difficile
D'obferver cette loi fans infidélité !
On le pouvoit enfin: Un rayon de la Grace
Sur le premier Coupable & fur toute fa race
          N'a-t-il pas toûjours éclatté?
On le pouvoit, & Dieu l'a prononcé lui-même,
Pénétrant de Caïn la jaloufie extrême
Et le barbare meurtre en fon cœur médité.
          Ainfi par le péché bleffée
La volonté de l'Homme incline vers le mal :
          Mais depuis ce revers fatal
La liberté du choix lui fut toûjours laiffée.
En fera-t-il encore un ufage honteux ?
Ouy, les coupables Fils d'un Pere à Dieu rebelle,
          Pour les crimes les plus affreux
Puiferont dans leur nombre une audace nouvelle.
          Bien-tôt ils ont brifé les nœuds

Qui

Qui devoient les foumettre à la Loy naturelle,
Et le Tout-puiffant même eft oublié par eux.
 Une révolte univerfelle
 Fait naître fon reffentiment.
D'un fuplice effroyable il arme fa colere :
 Mais dans l'horreur du châtîment
 Il les punit encore en Pere.
Une feule famille avoit perféveré
 Dans le fentier de la Juftice :
 Dieu la préferve du fuplice
 Contre les autres préparé ;
Et le fils de Lamech, inftruit de fa vengeance,
Durant un fiecle entier la dénonce aux Mortels,
 Afin que par la pénitence
Ils évitent l'horreur des tourmens éternels.
O Dieu plein de bonté ! Combien de criminels
 Eprouverent votre indulgence !
 Et lorfque le Ciel & les Mers
De leurs eaux fur la Terre étendoient le ravage,
Garantirent du moins par des regrets amers
 Leur ame du commun naufrage !
Envain de l'Ecriture on nous objecte un trait
Dont l'expreffion fimple enferme un fens fublime ;
Que Dieu, lorfqu'il vit l'Homme abîmé dans le crime,
 Se repentit de l'avoir fait.
C

Ce

Ce n'eſt pas que ſa preſcience
N'eût connu du Péché les énormes progrés :
Son amour paternel à notre délivrance
    Avoit pourvû par ſes décrets.
    Mais l'Eſprit Saint qui veut nous rendre
    Vertueux & non pas ſçavans,
Nous donne des leçons que nous puiſſions entendre,
Et les inculque en nous par l'organe des ſens.
Pour toucher notre cœur il prend notre langage,
    Et daigne temperer l'image
    De ſes profondes vérités.
    S'il nous les montroit ſans nuage,
Nous ſerions ébloüis de leurs vives clartés.
Et n'eſt-ce pas ainſi qu'à l'homme inacceſſibles
Les myſtéres pour nous ſont incompréhenſibles ?
    Le paſſage que j'ay cité
Marque donc ſeulement l'horrible iniquité
    Où la Terre s'étoit livrée;
Et peint du Créateur l'exceſſive bonté,
Qui, lorſqu'il nous punit, n'eſt pas même alterée,
Si de ſon propre ouvrage il s'étoit repenti,
Arrêtant auſſi-tôt ſa volonté féconde,
Sans autre châtiment il ſe vengeoit du Monde,
    Et l'Homme étoit anéanti.
Mais ſur tous les Pécheurs ſon bras apeſanti

Epar-

Epargne la Nature humaine,
Et pour en réparer la ruine prochaine
Du peril par ſes ſoins le Juſte eſt garanti.
Le terme conteſté n'eſt donc qu'une figure
Que Dieu par ſa conduite explique évidemment,
Et le ſens literal que ſaiſit l'Impoſture,
    N'a pas le moindre fondement.
Dieu n'a donc pas auſſi *tiré de la pouſſiere*,
Comme le dit l'Impie en ſes vers ſéduiſans,
    Une autre race de Tytans
    Plus coupable que la premiere.
C'eſt la poſterité du Pere des humains
Que le Seigneur conſerve & qui ſe multiplie.
Par quelle aveugle erreur ſe peut-il qu'elle oublie
Ce qu'il a fait pour elle & ſes droits ſouverains?
    Un penchant vicieux l'emporte
    Aux plus honteux égaremens;
    La chair qui ſe rend la plus ſorte
Fait ſervir l'Eſprit même à ſes déreglemens.
    Bien-tôt l'Homme en qui reſte encore
Un foible ſouvenir de la Divinité,
Ne voit rien de puiſſant, rien dans l'activité
    Qu'il ne redoute & qu'il n'adore.
Les Aſtres, le Soleil & l'Aube du matin,
Le Feu, les Elemens & ſes Paſſions mêmes

Partagent à leur tour ſes hommages ſuprêmes,
Qu'il oſe rendre enſuite aux œuvres de ſa main.
Le Monde eſt un Temple d'Idoles,
Son Autheur ſeul eſt négligé.
Helas ! Qu'il s'en faut peu que tout ne ſoit plongé
Dans l'erreur de ces Dieux frivoles !
Cependant Abraham gardoit la pureté
De la lumiere naturelle :
Dieu le choiſit, l'éprouve & le trouvant fidéle,
Recompenſe ſa piété
Par ſon alliance éternelle ;
Promettant qu'il naîtra de ſa poſterité
Celuy qui triomphant de la Terre rebelle,
Doit ſeul trouver grace pour elle
Devant le Seigneur irrité.

Et qu'importe à la Providence
Que le ſang d'Abraham honnoré de ſon choix,
Forme un Peuple indocile & qui par inconſtance
Se laſſe d'obſerver ſes Loix ?
Que ſéduit par ſon ignorance
Il ſe laiſſe entraîner aux ſuperſtitions ;
Et qu'il ſoit le mépris des autres Nations ?
Dieu n'en a fait que mieux éclatter ſa puiſſance.
Impénétrable en ſes deſſeins,

Pour

Pour les executer, il s'ouvre des chemins
Où s'égareroit l'homme & sa fauſſe prudence.

      Quel événement fortuné !
      Le moment ſalutaire arrive :
Le Verbe, Fils de Dieu, Dieu même eſt incarné
      Dans le ſein d'une Vierge Juive.
Il nait dans la foibleſſe & dans l'adverſité.
      Quel exemple d'humilité !
      Mais à travers ces voiles ſombres
Percent tant de rayons de ſon divin pouvoir,
Que les Juſtes en lui ſçavent apercevoir
Celui qui de l'Enfer vient diſſiper les ombres.
      Les Chœurs des Eſprits Bienheurex,
Repandus dans les airs, celebrent ſa naiſſance;
Divers Sages guidés par de celeſtes feux
Viennent de l'Orient adorer ſa puiſſance.
Herode ſur ſon trône en pâlit de frayeur;
      Il connoît par la Prophétie
Et le temps & le lieu marqués par le Seigneur
      Pour l'avénement du Meſſie.
Il craint pour ſa couronne, & ſes ordres ſanglans
      Volent pour guérir ſes chiméres;
Et Bethléem en pleurs voit périr ſes enfans
Que l'on oſe égorger dans le ſein de leurs meres.

C 3

Vaine

Vaine illufion des Mortels
Qui penfent éluder des décrets éternels !

Jefus-Chrift fauvé du carnage,
A remplir les devoirs d'un Fils
Refpectueux, tendre & foumis,
Pour notre inftruction, paffe tout fon jeune âge.
Il travaille pour nous montrer
A porter du Péché la peine.
Bien-tôt d'un vol rapide on le voit pénétrer
Dans l'épineufe lice où fon amour l'entraîne.
Il prêche les humains, & découvre à leurs yeux
Tous les tréfors voilés dans l'ancienne Ecriture ;
Par fes nouveaux fecours on peut obferver mieux,
Dans la Loy qu'il prefcrit, celle de la Nature ;
Purgeant nos Paffions, il comble tous nos vœux ;
Et fes œuvres enfin font autant de miracles.
Il confomme les faints Oracles,
Et meurt d'un fuplice honteux :
Pour l'Homme criminel victime volontaire
Qui du Pere offenfé défarme la colere.
Tout manifefte un Dieu mourant :
Du Soleil dans fon cours la lumiére eft troublée,
Et dans fes fondemens la Nature ébranlée
Eft atteinte des maux de fon Maître expirant.

L'in-

L'invifible effort qui déchire
Le voile du Temple facré,
Laiffe un témoignage affûré
Que frapé dans fon Fils l'Eternel fe retire.
Les Juftes relevés de leurs tombeaux ouverts
Paroiffent dans la Ville Sainte ;
Et les fignes affreux imprimés dans les airs
Font naître dans les cœurs la furprife & la crainte.
O coupable, mais heureux jour !
Une fource en Vertus féconde,
Avec le fang du Chrift, fe répand dans le Monde.
Sa mort nous rend la vie. Ah ! quel excés d'amour.

Mais ici l'on m'objecte un difcours illufoire.
Dieu ne pouvoit-il pas (dit-on) nous fecourir
En prenant des moyens plus dignes de fa gloire,
Et fans fe ravaler jufqu'à naître & mourir ?
Sans doute que Dieu peut tout faire ;
Mais dans ce qu'il a fait nous devons l'adorer.
Ce ne feroit plus un myftére
Si nous pouvions le pénétrer.
Gardons-nous d'y porter un regard témeraire,
Contens d'apercevoir ce point de verité,
Que Dieu feul pouvoit fatisfaire
A Dieu juftement irrité,

Puif-

Puifque le fait eft feur, l'objection eft vaine;
Et nous méprifons l'Infenfé
Qui veut qu'en s'uniffant à la Nature humaine
Le Verbe fe foit abaiffé.
Lorfque par fa préfence à nos maux fecourable
Il honnore l'humanité,
Indépendant, inalterable,
Il domine toujours par fa Divinité,
Et comme fa grandeur, fa gloire eft immuable.
Ces ouvrages d'iniquité
Que l'Efprit ténébreux fufcite,
Et qui font notre Dieu volage en fa conduite,
L'accufent donc en vain de contrariété.
Par fa Juftice ou fa Clémence,
A luy-même femblable, il agit conftamment,
Et par elles également
Il manifefte fa puiffance.
Loin de nous ces faux argumens
Que pare l'Ironie au défaut du bon fens,
Pour traveftir nos faints myftéres.
L'Impofteur dit en vain qu'*ayant noyé les Peres*
Dieu veut mourir pour les Enfans.
Rejetons de Noé, de ce langage impie
Nous connoiffons la fauffeté;
Nous fçavons qu'il n'eft rien refté
De ceux que le Déluge a privés de la vie.

Nous

Nous sçavons que le Christ n'a pas borné l'effet
De son immense sacrifice,
Et que depuis sa chute admis à ce bienfait
L'Homme dans tous les temps a trouvé Dieu propice
Ouy, le sang d'un Dieu mort pour nous
Fut sans doute assez noble & d'un prix assez rare,
Pour suffire au salut de tous.
Nul n'en est excepté : malheur à qui s'égare !
Il périt par sa faute, & les secours divins
Ne manquérent jamais aux coupables humains.
Il est des Graces generales
Que Dieu par sa bonté dispense aux Nations,
Que l'orage des Passions
Plongea dans les ombres fatales
Des plus folles Religions.
Muni de ce bienfait, il n'est point d'Infidéle
Qui ne puisse observer, mais difficilement,
Les sensibles devoirs de la Loy naturelle,
Dissiper son aveuglement,
S'arracher aux horreurs d'un culte abominable,
Et dans le secret de son cœur
Adorer le Dieu véritable.
Qui pourroit affirmer qu'avec tant de candeur
Un homme éprouvât la rigueur
D'un Dieu qui chérit l'Innocence ?
Non. Mais en lui sa Providence

C f

Eût

Eût mis, pour le sauver, la foy du Redempteur.
   Vous, Nations hyperborées,
   Vous, Peuples des autres Contrées
Où le Sauveur du Monde est encore inconnu,
De l'éternelle Mort vous n'êtes tributaires,
   Que pour vos crimes volontaires,
Et non faute d'un bien qui ne vous est pas dû.
Pour vous que le trépas, dès l'âge le plus tendre,
   Est venu fraper & surprendre
   Dans la masse d'iniquité,
   Vous en qui du premier Rebelle
Dieu ne trouve à punir que l'infidélité,
D'un juste châtiment, sa bonté paternelle
   Adoucit la séverité ;
   Et ses jugemens adorables,
   Comme luy-même impénétrables,
Tiennent de sa clémence & sont pleins d'équité.
Pour nous, qu'avec largesse il prévient de sa Grâce,
   Sans rien ôter aux Nations,
   Des plus grands maux il nous menace,
Si nous lui préferons l'attrait des Passions.
   N'est-il pas juste qu'à bien faire
Les Chrétiens par le Ciel aidés si puissamment,
   Lorsqu'ils ont fait un choix contraire,
   Soient punis plus sévérement ?
   Nous pouvons par nos propres forces

Nous

Nous perdre & jamais nous fauver.
Dieu feul par fes douces amorces
Sçait jufqu'à luy nous élever.
Mais nous devons alors fuivre fans refiftance.
Le jour luiroit en vain fi nous fermions les yeux.
Nous fuivons feulement, & Dieu nous récompenfe
D'avoir fçu correfpondre à fes dons précieux.
A fon Tribunal redoutable
Le Pécheur ne peut s'excufer :
Il avoit eû la Grâce, & fon cœur trop coupable
N'a pas craint de s'y refufer.
Le Jufte auffi de fa Juftice
Ne fçauroit fe glorifier ;
C'eft la Grâce employée à le fortifier
Qui l'a fait triompher du Vice.
Que l'Homme foit docile, ou défobéïffant,
Le Créateur fur lui n'en a pas moins d'empire ;
Et plaçant comme il veut le charme qui l'attire,
Il laiffe l'Homme libre & refte tout-puiffant.

A ces fidéles traits reconnois, Uranie,
Le Dieu qu'adorent les Chrétiens.
Non, ce n'eft point ce Dieu qui dans fa tyrannie,
Des vertus qu'il prefcrit nous ôtant les moyens,
Nous punit de fa barbarie ;
Ce Dieu plein de fureur en fon aveuglement,

Ce

Ce Dieu ridicule & volage
Qui n'agit qu'au hazard & toûjours se dément ;
Tel enfin que l'Impie en a tracé l'image.
Notre Dieu juste, égal, & rempli de bonté
　　N'ordonne rien qu'il n'aide à faire,
　　Ne punit que l'Iniquité,
Se donne à la Vertu lui-même pour salaire,
Et sa Sagesse éclatte en tout ce qu'il opére.
Pour un Dieu qui n'a pas limité ses bienfaits
Oserions-nous borner notre reconnoissance ?
Soyons de son amour embrazés à jamais !
　　Qu'il soit toute notre esperance.
Si nous devons l'aimer, nous devons le servir
Dans la Religion qu'il établit luy-même,
　　Afin que nous puissions ravir
　　La palme du bonheur suprême.
Sans doute que de l'Homme un si juste retour
N'accroîtra point de Dieu la gloire ou la puissance ;
　　Mais il a mis sa complaisance
　　Dans ce tribut de notre amour.
　　Tout autre culte est un outrage
Qui le rend contre nous un Juge rigoureux,
　　Et la forme de notre hommage
Lui fait seule adopter nos vertus & nos vœux.

F I N.